AF295358

Un suspiro
en mi consciencia

Carla Ruiz Miguel

"La verdadera grandeza consiste en hacer que todos se sientan grandes"

Charles Dickens

© Carla Ruiz Miguel, 2020

© Ilustraciones: Judit Ruiz Miguel, 2020

© Seguimiento y coordinación: Judith Puig, 2020

Impreso y editado por Books on Demand GmbH
info@bod.com.es - www.bod.com.es
Impreso en Alemania – *Printed in Germany*

ISBN: 9-788413-268453

Prólogo

Soy del sol, un pájaro libre que no echa raíces pero florezco en libro.

Mis páginas vuelan como un ruido sordo en verso y prosa que te harán sentir e imaginar. Por eso <<Un suspiro en mi consciencia>> te hablará de todo lo que sientes y lo harás tan tuyo como lo es mío.

He escrito – gritado en silencio-, para poder curar mis cicatrices, y esto es un canto a la vida, a seguir luchando por cada uno de los sueños y miedos, por qué de todo lo malo nace algo mejor.

Porque todos tenemos una historia a la que no le han dado voz. Por eso, quiero que la mía sea el coro de la tuya o al menos le dé tono y puedas ver que todos podemos tener un mal día y no tenemos que estar las 24/7 enseñando una sonrisa.

Y es que todos nos rompemos pero volveremos más fuertes que nunca.

Ahora, vuela conmigo y contagia cada suspiro que te nace.

Envidias

Cuando yo florezco tú te marchitas.

Huída de emergencia

Me voy de un pasado que no me representa

hacia un futuro que compartiré

con el presente que me hace feliz.

Todo el mundo dice que marcharse es de cobardes,

pero de cobardes es quedarse

viendo como se te pudre la vida

en un sitio que no eres feliz.

La suerte se escondía y yo te encontré

No creía en nada y me encontré

con la que lleva la palabra suerte

escondida en esa mirada.

Placeres de la vida

Los placeres de la vida están en esos pequeños momentos en los que te sientes viva; observar el atardecer desde lo más alto de un abismo, el olor a café recién hecho, caminar debajo de la lluvia mojándote, que sonría en mitad de un beso, verte despertar mientras me susurras lo bonita que soy y cuanto me quieres, un mensaje inesperado, una visita sorpresa, llegar a un destino y que haya alguien esperándote, una despedida de abrazos largos con un dulce beso en la frente mientras tienes un pie en el vagón y otro en vuestro mundo, un abrazo sin tener un porque (uno de esos que sobran las palabras cuando saben que estás mal), un cruce de miradas con chispas de por medio en el corazón, que se quede su perfume en tu ropa, sentir que tienes a alguien con quien compartir tus derrotas y victorias, tus lagrimas y la alegría.

Tenerte en mi vida.

Vivirte

Que no es solo una sonrisa en mitad de la noche,

son los te quiero con sueño y las ganas de mas.

Son los momentos en los que reímos hasta no poder respirar por cualquier gilipollez.

Es mirarte y sentir que vivo en una realidad soñada;

que estoy viviendo un sueño a tu lado...

cuando me quedo dormida,

mientras me das achuchones y se atura el tiempo

para quedarme atrapada entre tus brazos haciendo

que me olvide completamente de todo

menos de ti.

Por eso yo elijo más reencuentros así

que al decirme todas esas cursiladas me den ganas
de vivir,

pero sobretodo vivir presente y futuro contigo.

Universos paralelos

Y allí estabas tú,

sonriéndole

al mismo atardecer que al mío

pero en otro lugar

Allí estaba yo

abrazando al sol

para que no te escapases.

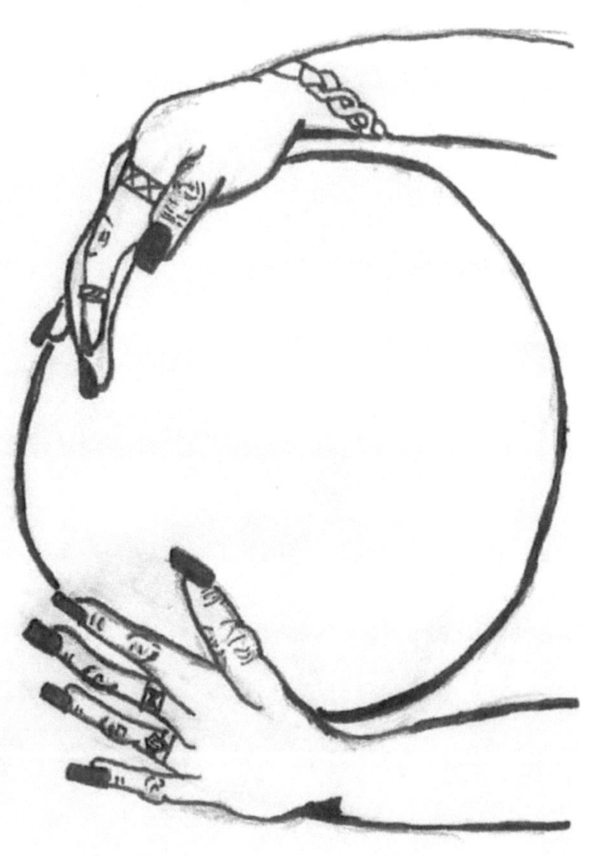

Un viaje hacia ti

Entre tú y yo

23 paradas de tren,

ninguna excusa para no ir hacia el destino,

y un solo motivo

por el que decidí seguir en este viaje.

El tren de la vida

Estaciones,

paradas,

destinos de emergencia,

un tren hacía ninguna parte conocida.

Tú en el asiento lateral

y yo esperando encontrarte

entre esa marabunta de gente

que sale como si el tiempo no parase

Y es cierto:

tempus fugit,

decían algunos sabios

desconocedores de las prisas de un pasajero.

Pero mi tren ya ha estacionado

en la vía de descanso

y pienso entrar bien dentro

por si me quiere arrollar a 250km/h.

Vengo sin hacer transbordo directa a nuestra vida,

no sé cuando llegaremos

ni si habrá mucho recorrido,

lo que si tengo claro

es que aquí contigo

yo me quedo.

Cuando todo sean obstáculos...

Voy a poner el mundo

boca abajo

y seguiré avanzando

aunque el viento sople

en contra.

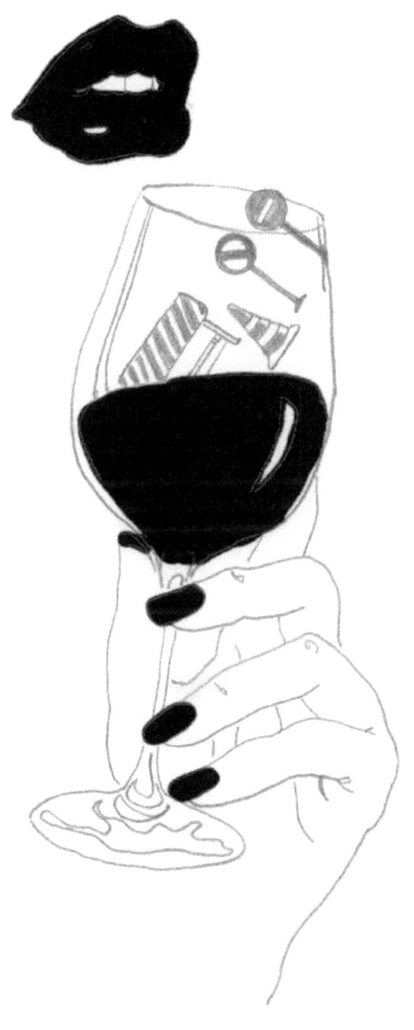

De rincones y esperas

En aquel rincón

         - donde ya -

nadie espera.

Sombras

No me perderás nunca,

soy tan tuya

que hasta mi sombra se funde con la tuya

cuando te acercas

pidiéndome con esos ojos

que no te despierte de aquí.

Te dejo acurrucarte en mi hombro

un sinfín de noches más.

Que me sigas comiendo las dudas

y me calles si no escupo más que tonterías.

Que cada escalón que subamos

sea un paso más

hacia nuestro futuro.

Si me toca la lotería quiero que seas tú

Si quiero;

vivir toda mi vida contigo

y que mi vida seas solo tú,

de por vida.

Pueden parecerte solo palabras

y promesas que no llegaran,

pero si apuesto siempre por ti

es porque no quiero que me toque la lotería

sino tú,

porqué mi suerte lleva tu nombre.

De vez en cuando

La payasa de tu circo seguiré siendo siempre yo;

te quitaré los obstáculos del camino hacia mi boca

porque por muy dura que pretendas hacerte

sé que debo cuidarte en cada momento como lo

hice el primer día.

No pienses que te escucharan

por muy fuerte que pienses en mí,

a veces yo también necesito saber

que tú también te pierdes en mi

de vez en cuando.

RISA *vs* *Miedo*

Yo me ocuparé de que te rías hasta de tus miedos.

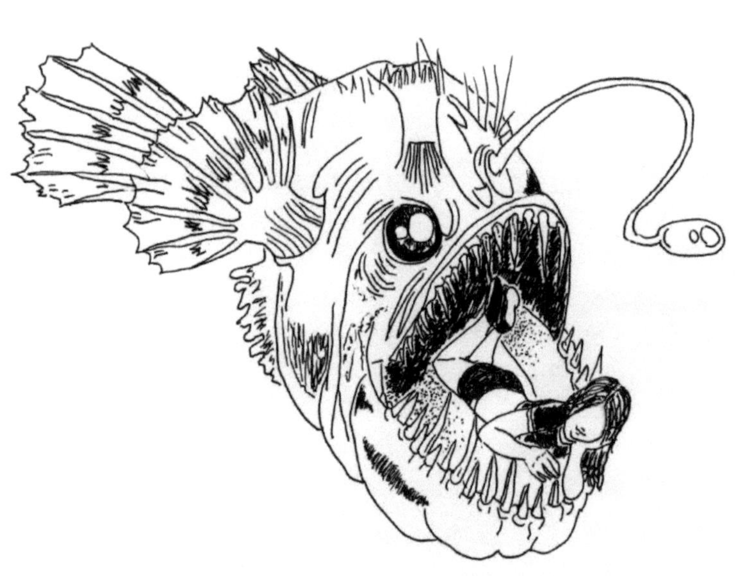

Un giro inesperado

Y entonces ocurre

que tu vida

da un giro de 360 grados,

empiezas a ser

parte de la vida

de quien comparte contigo tristezas,

alegrías y enfados...

poco a poco

ella también va siendo parte de ti (siendo tu todo)

hasta que un día

sin imaginarlo

pasas a tener una segunda familia

que sin ser de la misma genética,

te hacen sentir como en casa.

amoЯ

La belleza exacta en el preciso momento.

Perfil de hada en griego monumento.

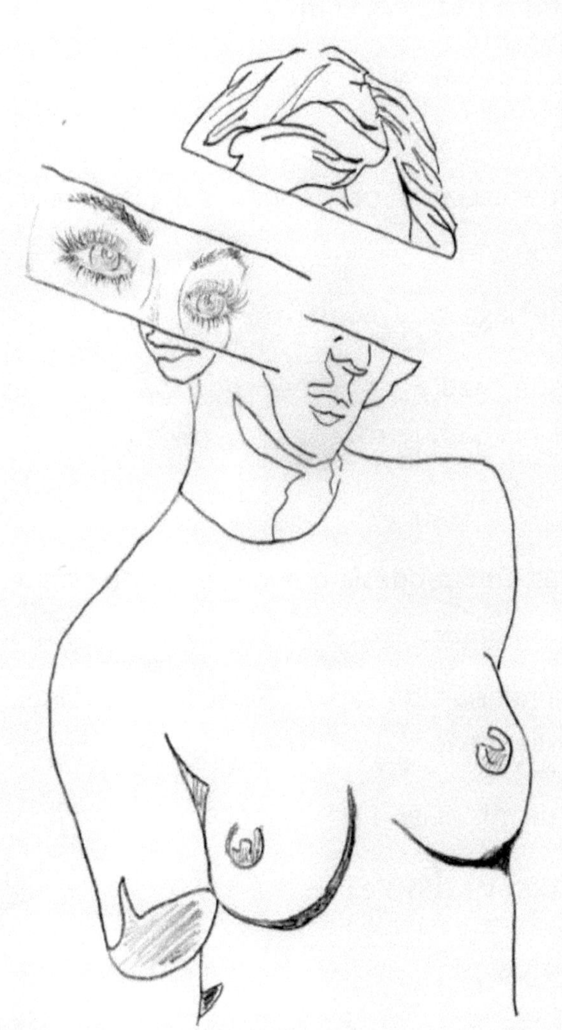

XXIII

Eres mi propia paz y caos emocional,

la melodía de mi vida y esa libertad que me brindas;

cuando me escondo del mundo solo tú puedes verme

aunque me haga muy pequeña

y crea que nadie es capaz de soportar mis tormentas ni entenderme.

Eres la más bonita poesía que decidí escribir aquel 23.

Ni Neruda habría sido capaz de hacer de ti verso... musa de mis sueños.

La suerte de mis días,

las ganas de vivir con alegría,

el coraje de levantarme tras cada caída

y la valentía por comerme el mundo

sin dejar que antes lo haga conmigo y sin ti.

Agárrate

Agárrate fuerte que nuestro viaje acaba de empezar,

llegaremos muy lejos

y sé que de este tren

jamás me voy a bajar.

Juegos de mayores

...para paisaje, el paraíso que se forma cuando te veo sonreír

y nos volvemos dos niñas pequeñas jugando a quererse más,

a ver a quien se rinde primero por querer besarnos hasta el alma.

Allí donde solíamos hacer...

38

Cada calle esconderá nuestro recuerdo.

Mi luz y mi musa

Musa ; mi luz cálida en días tenues,

la sonrisa después de hacer [nos] el amor,

aquella que se cuela tan dentro del pecho que es imposible sacarte

ni formateando el disco duro de la memoria.

Imprevistos /improvistos

Que sabrán de destinos

si no te han tenido en su camino

luchando contra orgullos y distancias

todo para que esta historia no se quedara más que eso,

distante.

Y ojala supiera quererte bien,

solo estoy improvisando.

Otoño sobre un lienzo

Revisando las esquinas dobladas de cada página

me encuentro contigo en un nuevo capítulo

y no sé qué me da más miedo

si saber que no serás eterna

o que nunca aprenderé a amarte

como merece que sea tratado el otoño

cuando todas las hojas caen

sobre un lienzo en blanco.

Quítate el escudo

No me vengas con más cuentos del no puedo,

historias de castillos y dragones.

Que solo quiero de esos labios un te espero,

desde debajo de tu torre con tu nombre por bandera

comiéndote las dudas y resolviendo los esquemas.

Que te quites el escudo y me abraces por la espalda,

me susurres que te quedas y aquí ya no importa nada.

Y es que he venido reclamando treguas a la esquina del desorden.

Cuando mi mente grita

Dicen que la mente cuando no descansa es porque tiene mucho que contar.

Yo lo supe de inmediato en aquel preciso momento

cuando todo lo que callaba

se repetía en mi cabeza en forma de *"déjà vu"* continuo.

Hice arte sin imaginar el potencial que tenía en esta psique

ni la destreza por la escritura.

A veces,

sigo enmudeciendo cuando mi mente grita;

hay palabras que no deben ser dichas.

Que no nos ganen los miedos que nos hacen callar

Callamos tanto porque el miedo o inseguridad por imaginar la respuesta de a quién va dirigido tu mensaje es más fuerte que tus ganas de sincerarte.

Por ello propongo que seamos valientes.

Que una palabra sea invencible contra todo, que no nos ganen los miedos que nos hacen callar.

No le pongamos nombre

Hagamos de este amor primavera... cuando me coges soy tan pequeña,

entre tus manos me siento enorme,

el frio me tiene envidia y me grita tu nombre

pidiendo compartirte.

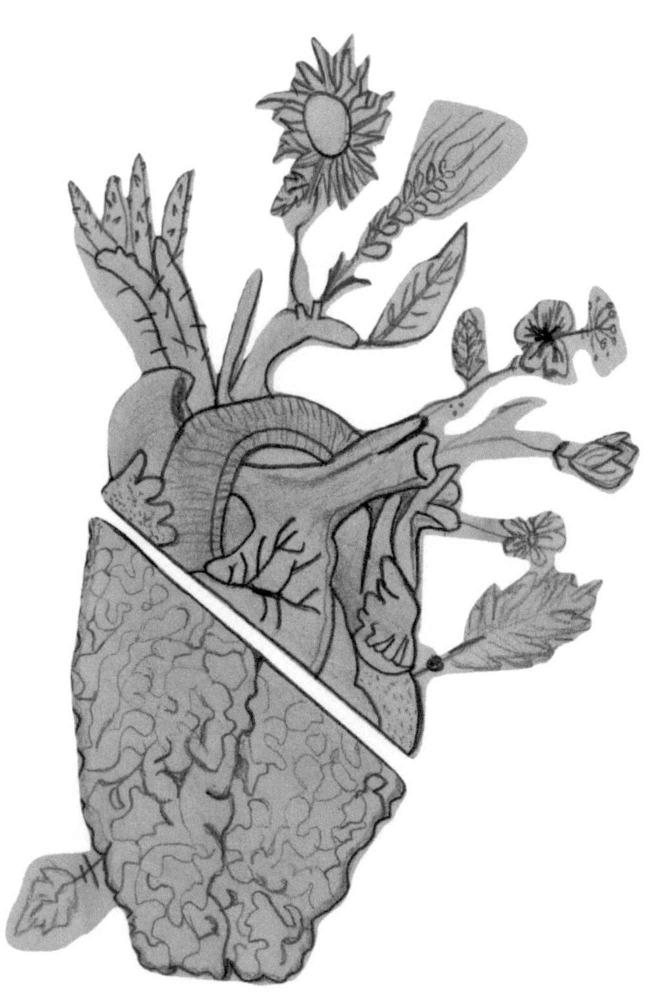

Ojalá fueras eterna

Ojala pudieras ser eterna para que no te acabes,

para que este calor no se conforme

y te pida un poco más;

quédate a mi lado una vida más.

Mi pieza del puzle

Mis manos encajan

a la perfección con tu cuerpo.

Somos la última pieza de un puzle,

la cuarta hoja de un trébol...

algo difícil de encontrar.

Pero juntas hacemos la canción más bonita

jamás contada.

Arte

Ojala tu corazón fuera casa

y yo viviera

dentro.

Nunca sabrás cuanto,

ni cómo,

ni por qué,

desde que fuiste luz entre tanta tormenta

quise perderme en cada sonrisa

que te he sacado

o me brindabas.

Si luego todo se acaba sabiendo...

algún día sabrás todo lo que he callado,

cada vez que te he tenido cerca,

y comprendas

que todas las veces que te decía cualquier idiotez

eran tan grandes

como las ganas de besarte,

empezando por tus imperfecciones

y terminando cada verso contigo

en arte.

Tu risa como calmante

53

Suena de fondo tu risa...

me calmas y todo vuelve a ser.

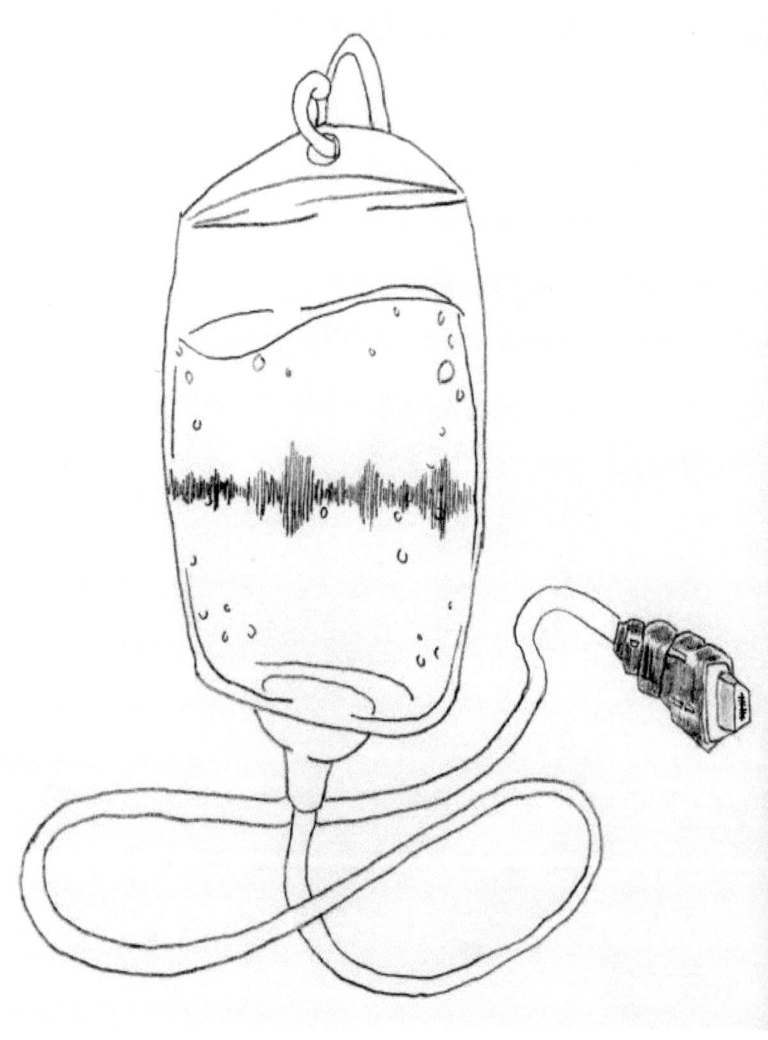

Una historia en su mirada

La breve historia de lo que me cuenta su mirada cuando las palabras callan.

Bailes eternos

Tomándome la vida a morro,

tocándole el culo a la suerte.

Que si hoy se acaba el mundo,

nos pille bailándo(nos).

B/ve(r)sándote

Quien abraza mis miedos,

besa cada imperfección,

me saca a bailar con las dudas

y me empuja hacia el futuro

con ganas y sin vergüenzas.

Algunos le llaman mi locura,

otros ni la nombran...

yo prefiero b/ve®sarla;

completar con ella

todos los verbos acabados en arte.

Sin trampa ni cartón

Siempre

ahí estas,

sujetándome para no caer a lo más hondo de la mente,

en lo más oscuro y frio

donde los miedos te absorben.

Abrazas fuerte las ganas

sin trucos ni trampas

solo tú sabes hacer de mí,

magia.

A golpes de palabras

Me quisieron parar a golpes de palabras

yo seguía avanzando

escudo en mente.

YO
Boca
decorosa
odiar
tonta
AMAR
fría
Dura
inconformista
flaca
recta
zorra
dura
CLASE
ZORRA
blanca
hembra
boca
LOCA
querer
ovarios
libertad
gusto

A tu lado la vida es carnaval

El mayor tesoro,

mi gran apoyo

que si te tocan muerdo.

Donde sea que vayas,

cuando quiera que estés,

siempre a tu lado me encontrarás.

Dos mentes que sienten lo mismo

dos cuerpos y mundo distinto.

Escapemos de la monotonía

Cuando ya no tienes nada más que decir

cuando todo se reduce a la rutina... solo queda irse,

hacerte las maletas

vacías de ilusiones

para volver con más

con otras

con ganas.

Juegos vencidos

Jugué a

          perderme

y te encontré

A aquel amor de dos días...

Me esquivas tímidamente la mirada,

sin creer que veo más allá de un gesto.

Sin saber

que sería capaz de besarte las vergüenzas,

aún teniendo un corazón hipotecado.

Podría quitarte los miedos,

más allá de lo que puedas creer.

Me duelen las cicatrices de la vida

Sigo teniendo cicatrices que aún escuecen

como si todo volviera

a ese momento cuando me hicieron herida.

O tal vez solo fue huella,

y la vida las ha ido rozando tanto

hasta dolerme.

Podía ser hoy

Podría habernos engañado pero esto ya no se mueve ni tira del hilo la fuerza de las ganas.

Solo te entrego noches de indecisiones, sueños de dudas.

No tiene sentido seguir alargando más la tregua.

Déjame luchando con mis monstruos que los tuyos ya no tienen más munición ni motivos para más futuros inciertos con una mente que no calla; cuando todo lo que quiero es huir de mí siendo yo mi propio salvavidas y barca a la vez, pero a la deriva.

Quizás algún día, caminando por la orilla de nuestro recuerdo, vuelva a ti la botella del naufragio con mi nota ya desgastada por cien mil millones de veces en las que dudé si enviártela, pidiéndote perdón por las maletas cargadas, aclamándote entre desvaríos, suplicando un suspiro más para esta ansiedad que (des)calma todo lo que diste alas cuando tuve tu risa de fondo.

Una y mil veces tuya,

aunque el frio acabe ardiendo y el calor ya no
abrace

Y se caiga el mundo si no te ve sonreír

Que tus miedos sean trinchera y tu corazón espada;

y es que tú mi princesa,

nunca has necesitado a nadie que te salvara.

Luces de invierno

Y esa es mi luz, la más cálida del invierno.

Quien no cree en amores eternos

pero de la mano llevamos

más años que sueños.

Geometría de la piel

Dos piezas encajan formando una sola, tus curvas con mis indirectas.

Universo

De todas las palabras bonitas del mundo, una de las que te representa.

Perfectas imperfecciones

Nos quiero bien,

con cada una de esas imperfecciones

que te hacen única.

Porque cada una de tus arrugas

 es una sonrisa en tu piel.

Caja de huesos

para un corazón rebelde.

Un corazón gigante

para un abrigo de mil pieles;

con las manos frías por calentar a los demás.

Tropiezos

Había mil piedras pero has tenido que hacerme tropezar con tu sonrisa.

Aprendiendo a valorarse

Tan bella que hasta se deslumbraba por su propio resplandor y no podía verlo,

o no sabía verlo.

Donde

Por dentro

Donde nadie sabe verte,

donde nadie se ha atrevido a entrar,

donde dicen que hay peligro de derrumbe,

donde a veces siempre duele,

donde cuesta respirar.

Injusticias

La vida es un paisaje en la que solo ves el horizonte y no lo que vendrá.

He podido ver dolor, rabia e incertidumbre en unos ojos que gritaban lo que con la voz no podía... por una situación en la que la víctima se le tachaba de villana.

Y creedme, ojalá pudiera haber visto venir aquella injusticia.

Porque el horizonte habría sido pared y más de uno se la hubiera comido.

Aprendiz

Ojala algún día te veas como yo te admiro, porque ese día habrás aprendido a quererte.

Emociones fuertes

Ojalá la suerte te pille desprevenida y te haga cosquillas en el alma hasta que no puedas dejar de ser feliz y de disfrutar cada milésima de segundo que roza por tu vida, parándose a observar que el tiempo no se va sino que en cada uno de esos instantes tan intensos has disfrutado como una niña en su primer día en Disneyland.

Y es que para emociones fuertes... ya estás tú desde que apareciste y me encontraste porque sin buscarlo pude saber que mi destino era estar junto a ti.

Siempre

¿ y... ?

Quien sabe escuchar

oye cuando no dices nada

Quienes nunca te dejan caer

Poco se habla de los amigos que hacen resurgir tu mundo día a día; de esos amigos que siempre han estado ahí y que te han visto en tus mejores –y en tus peores momentos-. Los que te llenan la copa cuando ves el vaso medio vacío y te quitan la botella cuando estás al borde del abismo.

Los que te miran y te dicen lo preciosa que eres y lo bonitas que haces que sean las calles cuando pasas. Los que sin darte cuenta ya saben de ti más que tú misma.

Poco se habla de cómo su abrazo puede hacer que todos los problemas se olviden, sus bromas, sus cosquillas, son una llave para liberar cualquier miedo.

Y qué decir cuando cuentan sus movidas y tú no puedes entender por qué le han roto tantísimas veces la sonrisa a esas historias de amor tan jodidas. E intentas ser payasa, cómica, estúpida, absurda;

Sonrisa al fin y al cabo.

Poco se habla de los que son verso, poema, poeta y que no son Roma, ni Barcelona ni París porqué son hogar, refugio, son risa.

Esos que te sacan a bailar bajo la lluvia, bajo el sol de agosto y las estrellas de cualquier cielo; de esos que saben cuál es tu color favorito y tus por qué. Que harían cualquier cosa por ser tu escudo y que nunca te hirieran.

Amigos que son la barra de un bar un viernes cualquiera, los: "joder, te quiero. Gracias por estar ahí".

Resucitar en un abrazo después del dolor en el pecho, un abrazo de esos que hacen crujir los huesos y que te falta el aire.

Poco se habla de los amigos que escuchan siempre los versos de otros, para otros y que en realidad son los que reconstruyen siempre el poema, por eso te escribo a ti, que siempre me has puesto los pies en el cielo, que me enseñaste que soñar se puede también con los ojos abiertos.

Me dijiste que el amor no entiende de quilómetros, y me demostraste que el amor es una locura, en la que loco y loca o loco y loco o loca y loca -me da igual- no encuentran ni quieren encontrar la cordura. Me has dado tanto que incluso la poesía se queda corta, y sí, ya sé que dices que soy un desastre, que pierdo la paciencia en la mayoría de las situaciones, eso de: "joder pequeña como la has liado" pero también me dices que soy preciosa y que lo más importante para ti es que yo sea feliz; que lo hecho, hecho está y tire adelante.

 Porqué tú me llevas en azotea para que deje de sentirme tan pequeña. Y gritar que no tengo miedo a nada. Y no me regalaste ninguna flor el 14 de febrero pero me hiciste sentir una entre tanto capullo.

Cómo olvidarme de todos los que estáis a cada segundo a mi lado, intentando hacer que me sienta menos perdida a vuestro lado.

Ser siendo nada

Somos las que fueron tanto siendo nada.

Somos las hijas de los versos.

Bypass

Quédate con quien acelere tu corazón y lo calme al mismo tiempo.

La princesa guerrera

Si quieres ser mi princesa,

ven que coronándote se empieza...

te llaman la chica Adidas

pero la única marca

que llevas por bandera

son las arrugas

de las comisuras

que te salen

cuando eres feliz.

Días sin horas

Puede ser divertido lo cuotidiano... a tu lado el tiempo no depende del reloj.

Y por favor, nunca lo olvides

Pocos son los que se fijan en la magia de un desastre.

Todos tenemos en común ese ideal que nos proyectan los medios de publicidad, los cánones de ideales académicos, nuestro entorno...haciéndonos creer que así es como significa ser perfecto. Hay que intentar entender que cada uno es como es, con lo bueno y con lo malo, que cada uno tiene unas competencias distintas y de que eso trata la vida.

Si todos fuéramos iguales, esto sería muy aburrido y tampoco iríamos a ninguna parte, pues se necesita un poco de todo, necesitamos estar rodeados de todo tipo de personas; ya bien sea de locas, personas disciplinadas, de los mayores cerebritos del mundo o alguien que simplemente se dedique a ayudar a los demás...

 Por eso cada persona es especial, única y excepcional y todos tenemos talento en algo concreto, sólo hay que saber encontrar cuál es.

Sin rendirse ni desanimarse por el camino. Porqué tarde o temprano todo va a salir bien.

Debes saber que aunque a veces algo no salga como quieres, aunque la vida te arrugue o pisotee,

sigues siendo tan valioso como siempre lo has sido. Lo que debes preguntarte es cuánto vales en realidad y no lo golpeado que puedas estar en un momento determinado.

Quizá a veces parezca que la gente no te entiende, pero un día te verán por lo que eres realmente, se darán cuenta de que tienes algo misterioso por lo que merecería la pena conocerte y que seas parte de su vida, porqué tú, eres increíble. Ya seas toda una ganadora o te sientas el mayor fracaso del mundo, seas la persona más popular o bien la quien nunca ha sido el centro de atención... Sin importar quien creas ser, la realidad es que tú eres fuerte y capaz de lograr todo lo que te propongas.

Y todo aquél que te diga que ser diferente es ser raro, es por qué nunca ha logrado sentirse bien con él mismo y por qué no te ha visto cómo le demuestras al mundo lo fuerte que puedes llegar a ser a pesar de los obstáculos, por muchas críticas que te hayan hecho, por esas personas que juzgan sin saber cómo y quién de verdad eres...porqué tú eres única/o y eso significa que vales más que todo el dinero del mundo, más que un número o una talla, más que los productos de belleza que utilices, más que el precio de tu ropa o la nota de un examen, hasta más que el número total de seguidores de tu red social.

Ansiedad

Tengo turbulencias en el corazón.

Rayos que no dejan llover

Presión en el pecho que te sacude

una y otra vez

¡ una y otra vez!

una y otra.

Una nube espesa que te hace caer en lo peor.

Una pesadilla constante

te atrapa dejándote sin aire

Te repites continuamente que salga de ti,

que deje de ahogarte.

Y....

aaah

Por fin,

Inhalas

y vuelves

a ser tú.

Aunque déjame decirte:

Si no despiertas ahora,

Si no te enfrentas a ella

Volverá.

Surfeando en tus hoyuelos

Hay surcos en tu sonrisa que cualquier submarinista desearía sumergirse.

Que no

Que la belleza no esté solo en el físico

sino también tenga cabida el corazón.

Y que lo nuestro no sea nada típico en un atardecer,

porqué esto no es algo normal,

solo las dos sabemos

qué podemos ser.

Cuéntame despacio que te quedas,

susúrrame al oído que me quieres

y que solo se entere mi niña interior;

que el mejor lugar para perderse

sea en tus labios.

Solo si tus manos me encuentran...

Sentirme princesa sin tener palacio,

solo existe en este cuento...

Trapecista del amor

Amor es avanzar sobre el vacio, con la certeza de saber que hay alguien en quien sujetarse.

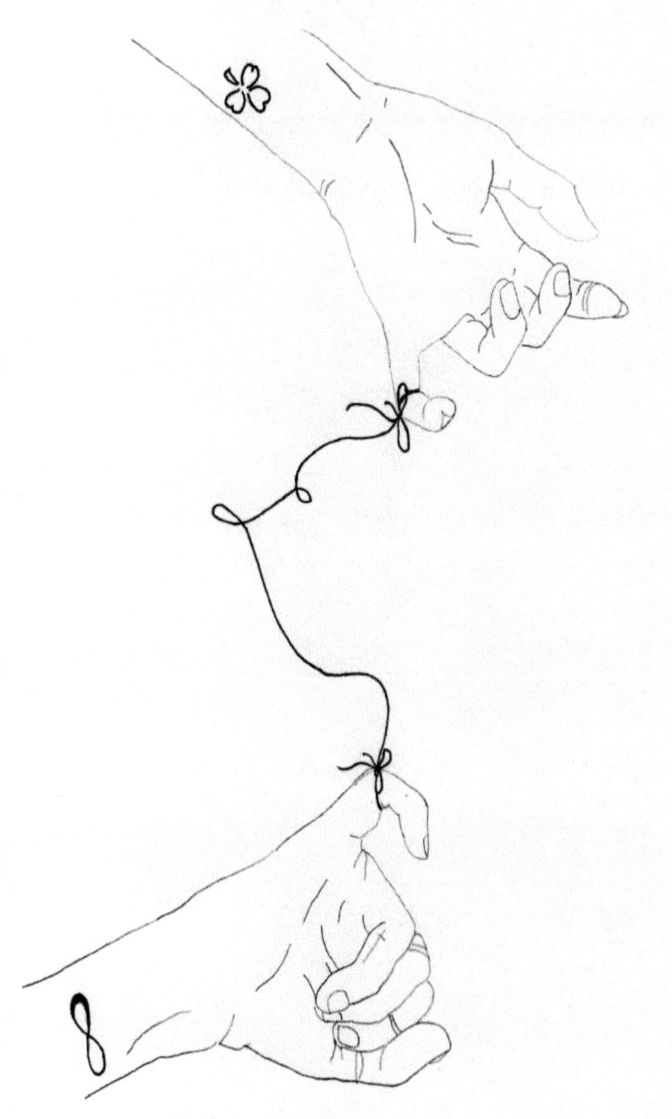

Naufragio

Acantilados

Y otros propósitos a los que saltar.

Tus lunares son...

Constelaciones sobre la piel.

Todo lo que he callado

Tengo un maletero de *'te quieros'* que he guardado.

Cajas llenas de "te echo de menos" que acabé vendiendo al peor impostor.

Un puñado de respuestas vacías que dirigí a aquellos que esperaban de mí

más.

Pero en ese momento ya estaba vacía

Sin munición.

Las gasté en guerras frías

Y otros tiempos

En los que si me lanzaban granada

Yo abrazaba.

Arriésgate

Las mejores cosas de la vida están al otro lado del miedo.

Salvavidas y a la vez condena

Y es que llegó

y la vida parecía hasta más bonita.

Pero cuánto más daño hacía,

más le quería

y ese era el problema.

simplemente dejé

que mi salvavidas

fuese la misma persona

por la que a veces,

de tanta fuerza por querer tenerla a mi lado,

me hundía.

Puede ser que sí o puede ser que no... Tú eliges.

Y esto empieza así;

A veces solo necesitamos a alguien que nos vuelva a ilusionar y nos entretenga de las cosas importantes del día a día. Que nos provoque guerras más grandes que las de Troya pero luego luche contra Titanes para salvarnos de ellas, y que haga de un día sin planear, una mañana con vistas al mar o a sus ojos, mientras por la tarde te dedique una sesión de cine con caricias como distracción y sus besos como palomitas.

Puede ser que ahora ya no quiera más paseos de un pueblo a otro si no son a tu lado, ni esperar a nadie en la estación si no eres tú a quien veo llegar a lo lejos, con esos andares firmes y sin preocupación por tropezar en este camino. Porqué sabes que me tendrás ahí para sujetarte o tumbarme contigo si solo quieres descansar para luego volverte levantar.

Y... es que es inevitable no querer sacarte una sonrisa, con la vitalidad que desprendes aunque solo esboces una mueca, una curva sin salida de escape.

No olvides que haces de este mundo, un desastre mejor.

No sé, tampoco me hagas mucho caso, ya debes haber comprobado que soy muy Kamikaze y me gusta entregarme aunque después me canse de dar hasta mi último "suspiro mental" por alguien.

Que el futuro venga contigo

Que todo lo que este por venir venga contigo.

Dicen

Dicen que los sueños se cumplen si vas tras ellos.

Y allí estaba,

tan irreal,

tan perfecta.

Ironía de la vida

Ironía es que siendo amante de la libertad,

me sienta más viva

cuando me reclama

"suya" y ella "muy mía".

J.

Tú,

Yo

y Barcelona.

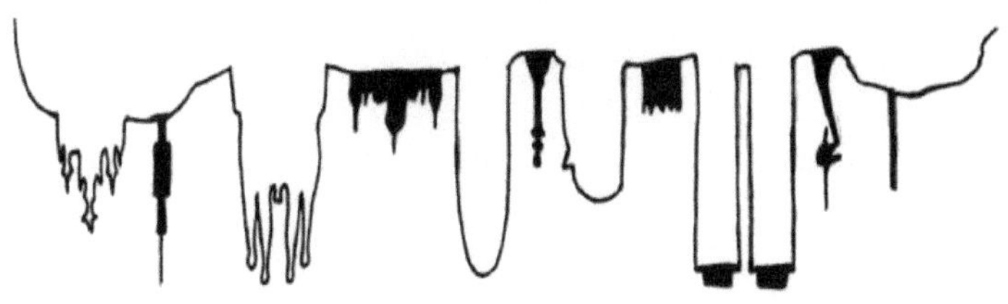

A veces hay veces

A veces soy inmensa como el mar,

hay veces que me busco y no me encuentro.

La historia en sus calles

Cada rincón nos cuenta una historia.

Más... SIEMPRE

Si tuviese más vidas

te elegiría un millón de veces más

para vivirlas contigo

y decirte bajito al oído:

Quiero hacer de ti (b)v(e)r(so);

hacerte inmortal.

Es mirarte y sentir

vivir

una realidad soñada.

Soñar despierta sin miedo a caer

porqué se que tú me sujetas,

y si nos caemos será para levantarnos

más fuertes

más vivas

más juntas

más...

SIEMPRE

Algo me crece

De mis raíces hare libros y juntas crearemos la historia más bonita jamás contada.

Todo vale

Todo vale como declaración de amor;

tus pausas,

tu prisa,

cada constelación que forman tus lunares.

Sin rumbo fijo

Directa a ninguna parte llegando a todos los sitios.

Simplemente, gracias

Gracias por ser una puerta para escapar del mundo.

Mi valiente

Si te temen es porque eres salvaje,

Libre

y tienes ganas hasta de equivocarte.

Calla(t/m)e

He aprendido a gritar callando, no hace falta que me pongas la mano en la boca.

Dejar de intentar comprender fue mi mejor terapia.

Hablemos

Hablemos de miedos,

de cicatrices,

de todas las mentiras que has dicho.

Hablemos de vida,

de lo que te jode,

de lo que anhelas.

Hablemos de pieles que te erizan... solo hablemos

Que del resto me ocupo yo.

Invierno en llamas

Puede que tú seas letal.

Y aquí estoy fría en esta casa en llamas.

Voy veloz pero el mundo se para.

Capturando el tiempo

Una mirada infinita como el espacio,

cuando me besas todo pasa tan despacio.

Un suspiro en mi consciencia

Naufragio de suspiros.

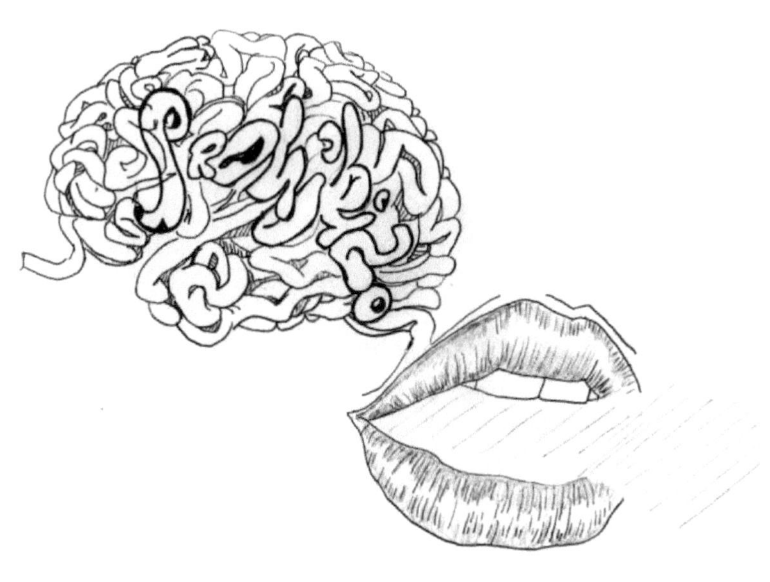

A mi yo de mañana

Siempre he sido de guardar silencios cuando mi furia gritaba,

de silenciar catástrofes si el ruido no tenía nada más que añadir.

Por eso puedes encontrarme

en la orilla descalza

con remolinos enredados en mi piel.

Porque a pesar de haber llegado

a (Re)- (su)me(rgir)me,

he acabado saliendo

a flote.

Aun haberme empapado por ti.

•••

Como dos piezas de un puzle que siempre encajan por muy lejos que estén.

Cualquier noche en silencio

- Los latidos de tu corazón me relajan... forman la melodía perfecta

- ¿Sabes que marca el ritmo? TÚ.

Apuesta por ti

Si no tuvieras miedo,

¿¡Por qué te arriesgarías?!

A darlo todo

a luchar por tus sueños

a vencer los monstruos

que llevas dentro.

Aunque hablando de inerte...

qué tal si soplas

y se vuelan

como dientes de león

todas aquellas palabras

que nunca te dejaron

volar

sin paracaídas

sin cuerda

ni balcón.

Arriesga los miedos

 tira los dados

y apuesta

por ti.

Creer

Aunque no crea en los para siempre,

creo en ti,

que ya es suficiente.

Màgia sense truc

Que la màgia sense truc,

trobi somrient la perfecta sensibilitat.

Si m'estimes

El meu cor té menys fred des que tu l'abrigues dia i nit.

Somnis

Tocant els somnis amb els dits i els peus a terra

Més amor als carrers,

entre llençols ja farem la guerra.

En dies d'odi traiem els petons de la trinxera.

Tens...

Ponts que t'apropen a un cor que abraça ciutats.

Àngel de la guarda

Perquè tu sempre hi ets,

quan necessito calma

i un bon grapat de petons

que m'arrenquin la ment

cada un dels monstres que duc a dins.

Un lloc secret

Pot ser un vespre qualsevol torno a tu,

ja no com a dent de lleó que vola sense rumb fix,

sinó per a deixar les meves arrels allà on vaig sentir
que floria.

Pocs et coneixen com jo he tingut la sort...

si em preguntessin d'on sóc,

els diria que el meu cor

és d'on la boira amaga tota la malícia del món.

41.911641
0.961500

ÍNDICE

Agradecimientos

Nunca he sabido hacer breve lo que he sentido porqué me enseñaron a vivir con intensidad. Así que espero que al menos dando las gracias no lo haga muy extenso y todos los que formáis parte de éste libro y de mi principio en el mundo de las palabras universales os sintáis agradecidos por mi parte.

No me gustaría dejarme a nadie aunque las letras no se gasten, pero...

A ti, mi luz y compañera de batallas, mi sombra mayor. Me has hecho creer en mí y en todo lo que soy capaz. Gracias por ser mi hermana mayor, profesora de sueños y lecciones, amiga y felicidad.

A mi creadora, que has luchado contra todo y has conseguido que no me faltara de nada (siempre protegiendo a tus cachorros con dientes y garras). Todo lo que soy es gracias a ti, mamá.

Al hombre de mi vida, quien me ha enseñado que la vida no te regala nada si no te lo trabajas con esfuerzo y perseverancia. Porque todo cuánto tengo y lo que he conseguido es gracias a ti, papá.

A mis abuelos, por ser las ganas de seguir adelante para llegar a ser como ellos, para ser tan sabia y buena persona como vosotros.

A todos los que me han enseñado algo con el paso de los años y por el paso de mi vida (aunque algunos ya no sigan en éste viaje, aunque no sigan en mi vida).

Éste libro va por quienes no creían en mi, por todos aquellos que no daban por mi ni una esperanza haciéndome sentir inútil, piedra, nada... Porqué gracias a ellos hoy soy más fuerte. He llegado hasta dónde quería y sigo currándomelo para llegar más lejos y no rendirme nunca más.

Y no, cómo olvidarme de ti, de mi vida, mi suerte y musa, la pieza de puzle que me completa, con la que sin tus manos esto no habría llegado a ser hoja y solo se hubiera quedado en pensamiento. No habría nacido sin tu ayuda y tus <<confío en ti y sé

que puedes>> o invirtiendo tu tiempo detrás de mí para que siguiera escribiendo. Gracias cariño por cada XXIII, por ser mi todo y ser tú sobre todas las cosas.

Gracias a todos (y a cada lugar en el que me he inspirado) por ser quienes me habéis aconsejado y ayudado con el proceso.

A mis suegros, por acogerme en su vida y en su casa siempre que lo he necesitado.

Y por último, a María Alba, por ser profesora, mi juez y a la vez lectora.

¡Hacedlo vuestro y compartidlo!